DES
GARDES NATIONALES

EN FRANCE,

ET DU LICENCIEMENT

DE LA

GARDE NATIONALE PARISIENNE;

PAR UN EX-GARDE NATIONAL.

> (L'État ne doit pas rester sans défenseurs,
> je le sais, mais ses vrais défenseurs sont
> ses membres. Tout citoyen doit être soldat
> par devoir......)
>
> J.-J. ROUSSEAU.

PARIS,

DE L'IMPRIMERIE DE A. HENRY,

RUE GÎT-LE-COEUR, n° 8.

1828.

Le peu d'importance que nous avons aujourd'hui dans la balance de l'Europe , et qui paraît s'attacher en partie à la faiblesse de nos armes ; la demande faite par un Ministre de Sa Majesté , des moyens nécessaires pour mettre sur un pied convenable nos forces de terre et de mer ; une grande injustice à réparer ; tout cela me fait penser que l'établissement des Gardes Nationales sur un pied convenable pourrait offrir de grands avantages. Si j'ose publier mes réflexions, ce n'est pas que j'aie la folie de me croire un grand politique ; mais bon Français et vrai royaliste , je demande ce que je crois utile à mon Roi et à mon pays.

Avec mes intentions je suis sûr de trouver l'indulgence.

DES

GARDES NATIONALES

EN FRANCE,

ET DU LICENCIEMENT

DE LA

GARDE NATIONALE PARISIENNE.

AVOIR une force militaire aussi imposante que possible, suivant la situation du pays, doit être le but de chaque gouvernement. Cette force, sur laquelle il doit, avant tout, pouvoir se fier entièrement, a pour but :

1°. D'assurer la tranquillité de l'État en défendant le territoire et l'ordre public contre les attaques des ennemis étrangers, ou de ceux qui pourraient surgir dans son propre sein ;

2°. D'établir son importance politique par le grand nombre de bayonnettes qu'il peut faire mouvoir à l'appui de ses prétentions.

Mais de grandes raisons s'opposent à ce que des armées trop nombreuses soient tenues sous les armes; tant

(4)

parce qu'elles ruineraient le trésor public, que parce
que leur existence déroberait à toutes les classes de la
société, à toutes les branches de l'industrie des citoyens
dont celles-ci réclament la présence. De plus une
grande partie de ces troupes soldées à si grands frais,
se trouverait en tems de paix absolument inutile. Cependant serait-il alors d'une bonne politique de se
défaire d'une grande partie de ses forces? Peut-on
prévoir les circonstances qui, d'un moment à l'autre,
pourraient en nécessiter l'accroissement, et alors,
est-ce l'affaire d'un instant d'élever une armée sur
un pied respectable? Est-il un argument à opposer
à ces lignes de l'esprit des lois? « Pour qu'un état soit
» dans sa force, il faut qu'il y ait un rapport de la
» vitesse avec laquelle on peut exécuter contre lui
» quelque entreprise, et la promptitude qu'il peut
» employer pour la rendre vaine. Comme celui qui
» attaque peut d'abord paraître partout, il faut que
» celui qui défend, puisse se montrer partout aussi. »
Trouver une institution qui permette d'avoir
continuellement sur pied une force capable d'établir
le maintien de l'ordre et la sûreté du territoire, et
avec cet avantage qu'elle se trouve occuper a la fois
toutes ses parties; une force d'autant plus grande que
chacun de ceux qui la composent se trouvent par
leur intérêt même enchaînés dans le devoir et par
conséquent plus zélés à le remplir; une force telle,
que tous les citoyens d'un Etat se trouvent méta-
morphosés en soldats, sans que toutes les carrières
de la vie civile soient abandonnées pour la carrière
militaire, et tout cela sans qu'il en coûte rien à l'État;

institution d'autant plus belle, que son économie permettra à la Nation d'avoir, en outre, sur pied une force formidable prête à marcher à l'ennemi; trouver cette institution devait paraître un problème bien difficile à résoudre avant la création des Gardes Nationales.

Mais l'utilité de ces Gardes est-elle bien comprise chez-nous? Je suis tenté de croire que non, en les voyant si loin de remplir le rôle important auquel elles devraient être appelées. On se plaint beaucoup du peu de poids de la France dans la balance de l'Europe; la cause n'en est-elle pas en grande partie dans la faiblesse de nos armes qui, naguère, faisaient trembler tous nos voisins? Pourquoi donc dédaigner les services de tant de milliers de citoyens, qui pourraient devenir des armées formidables, la défense du pays? Pourquoi refuser un moyen de doubler, dès à présent, nos forces actives, puisque toutes, en cas de besoin, pourraient être mises en mouvement, aller laver les taches dont on voudrait souiller notre vieux drapeau, et prouver que les mots de France et de gloire ne cesseront jamais d'être inséparables?

Mais nous voyons, au contraire, ces Gardes négligées n'offrir à nos provinces que le spectacle de leur désorganisation et de leur inutilité presque complètes. Mais l'une d'entre elles, la plus importante de toutes a été anéantie; je vais en rechercher les causes, et j'examinerai si l'on n'aurait pas raison de la rétablir en apportant, pour elle comme toutes celles de France, des améliorations sensibles.

C'est principalement dans les grandes villes que ces Gardes sont le plus utiles, puisqu'elles évitent des garnisons considérables. Paris, surtout, avec son étendue, son immense population, le siége du gouvernement, a besoin d'une force très-imposante qui, même dans certaines circonstances, et les exemples sont encore récents, pourrait devoir être une armée. Combien de milliers de soldats citoyens, l'élite de la population, ne pourrait-elle pas présenter !

La Garde Nationale parisienne a, au contraire, été licenciée. Examinons les faits. Voyons si, telle qu'elle a existé, elle a mérité son licenciement. Voyons si l'histoire de cette Garde, dont on s'est plu, en certaines occasions, à reconnaître les immenses services, ne nous montre pas que, non-seulement l'ordre public, mais encore la cause royaliste, mais encore la sûreté et l'honneur du territoire, n'ont jamais eu de plus fidèle et de plus ferme soutien.

Aux tems de sinistre mémoire qui furent les premiers jours de notre révolution, au milieu des efforts de cette faction impie qui, agissant dans l'ombre, achetait et préparait l'écroulement de notre vieille monarchie et la ruine de la famille régnante, et de ce parti aveugle et insensé qui, se fiant sur la force de son ascendant et de ses armes, s'obstinait à confondre et à combattre avec les ennemis du trône la majorité de la nation qui, alors comme aujourd'hui, voulait une sage liberté, l'inquiétude devient générale. La malveillance criminelle des fauteurs de la révolution ne tarde pas à en profiter. Des troubles sérieux éclatent dans la capitale; le sang des citoyens coule dans les rues. Bientôt les alarmes redoublent. Paris entier est en proie aux plus grands désordres. Tout à coup, comme par magie, apparaît la Garde bourgeoise qui, depuis, devint la Garde Nationale parisienne. Elle apparaît, et avec elle naît l'ordre dans la cité. Elle désarme et poursuit les brigands devant qui l'on tremblait la veille. Quelques jours après, la guerre civile régne dans nos murs; au siége de la Bastille, assiégeans, assiégés trouvent tour à tour de sages protecteurs dans les rangs de la Garde bourgeoise. Et cependant quelle était cette Garde? Formée d'elle-même, sans autorisation, sans ordre; loin de n'être composée que de l'élite des citoyens, elle n'était que l'assemblage de tout ce qui avait pu s'armer. De là nous commençons à connaître ce que pourra faire un corps composé d'hommes qui, en assurant la tranquillité publique, défendent leur propre personne, leur famille, leurs biens.

Là, l'intérêt privé est le lien de l'intérêt général.

Mais bientôt cette Garde va recevoir une organisation régulière. De cette époque seulement nous devons voir la Garde Nationale. Examinons quelle fut sa conduite dans l'histoire de nos malheurs.

C'est le 20 août 1789 qu'elle existe régulièrement. Bientôt elle est mise à l'épreuve. Le 4 octobre, la majesté royale et la sûreté personnelle du Roi sont menacées. La Garde Nationale parvient à dissiper dans la ville les nombreux attroupemens que la faction régicide ameute. Le 5, à onze heures et demie du soir, et par une pluie battante, elle accourt à Versailles entourer son roi, lui jurer de périr pour lui.

Le 6 elle a sauvé Louis XVI, sa cour et ses gardes-du-corps, et ramené à Paris, presque sans trouble, soixante mille âmes.

Depuis le 6 octobre 1789, seule elle fait le service jusqu'à la fin de février 1790; l'ordre public ne fut troublé que par le meurtre d'un boulanger, et encore les auteurs du crime furent-ils arrêtés et exécutés.

En 1791, nous voyons la Garde Nationale déployer une grande énergie contre les attaques de la faction révolutionnaire, notamment au Champ-de-Mars. Aussi, à partir de cette époque, à mesure que cette faction prend de la force, on peut facilement voir tous ses efforts pour désorganiser le corps redoutable qui lui est opposé. On l'enchaîne par une loi. Il ne pourrait plus, sans se mettre en insurrection, s'armer de lui-même pour agir contre les perturbateurs. On a eu soin de lui enlever une partie de ses officiers; puis encore ces officiers ne peuvent-ils lui donner aucun ordre que sur la réquisition de l'autorité civile, et en quelles mains cette autorité se trouvait-elle alors !

Enfin, le 20 juin 1792, la révolution se montre avec toutes ses horreurs. Attroupée par le Maire de Paris lui-même, la populace vient dans sa frénésie briser, à coup de haches, la porte de l'appartement de son roi, et l'infortuné Monarque se trouve de nouveau entouré des officiers de la Garde Nationale, parmi lesquels était le chef de bataillon Aclocque, qui tous viennent lui jurer de mourir en le défendant. Ces braves eurent du moins la gloire de

mettre quelque frein aux outrages dont on venait ac-
cabler la majesté royale. Quant aux bataillons de
cette Garde; les traitres efforts de Pétion n'avaient
que trop paralysé leurs bras, mais à l'instant, vingt
mille hommes d'entre eux demandent, par une pé-
tition, la répression de l'attentat. C'est alors que
tous les efforts des jacobins ont pour but de détruire
cette Garde, le dernier rempart de la royauté.

L'horreur de l'étranger, si naturelle aux français,
avait fait voler à la frontière un grand nombre de
Gardes-Nationaux; ils ôtent à tous ceux qui sont
restés, tout moyen d'agir, et par suite de se défendre,
en leur enlevant le reste de leurs officiers. Les gre-
nadiers et les chasseurs sont cassés. Enfin la veille du
10 août, cette Garde se trouve anéantie, n'ayant
presque plus à sa tête que des révolutionnaires. On
cherche, on parvient à établir la dissension dans ses
rangs. Nul moyen pour tous ces hommes qui voudraient combattre l'anarchie, de s'entendre, de con-
certer leurs efforts; tel est l'état dans lequel ils se
trouvent dans cette fatale journée, ayant pour com-
mandant Santerre, et pour compagnons d'armes,
les hordes nombreuses que viennent d'armer les ennemis de la royauté. Ils parviennent cependant encore à sauver la vie du Roi en le conduisant dans le
sein de l'Assemblée nationale, et leurs ennemis ont
juré alors que leur ruine complète précédera et
amènera celle de la monarchie. Sentant leur impuis-
sance, un grand nombre a fui devant les hordes
sanglantes des Sections armées, et de l'armée révolutionnaire. Les autres souffrent en silence sans ris-

quer des efforts qui seraient inutiles, et du silence
espèrent leur propre salut. Mais combien d'entre eux
tombent sous le fer assassin qui bientôt sera régicide ! Leur sang ruisselle aux 2 et 3 septembre. Tout
de la Garde Nationale a disparu, tout jusqu'à son
nom. Elle n'est plus, et bientôt tombe la tête de son
Roi. L'infortuné et vertueux Louis XVI est traîné au
martyre au travers des rangs des Sections armées (1).

Quand la révolution elle-même commence à
rougir de ses horreurs, quand un jour plus serein
paraît s'élever, la Garde Nationale reparaît. Des dé-
crets du 3 pluviôse et du 28 germinal an III la réta-
blissent.

Le 2 prairial, la faction des Jacobins est vaincue par
ses armes au siége de la Convention.

Au 13 vendémiaire, la plus grande partie de cette
Garde marchait contre la Convention ou dans l'intérêt de la cause royaliste, ou au moins en haine des
Jacobins. Elle est mitraillée par le général Bonaparte
qui, maître du pouvoir, s'empressa de l'anéantir.

(1) J'ai entendu dire que Louis XVI avait été conduit
à l'échafaud au milieu des rangs des Gardes Nationaux.
Qu'on se hâte de rétracter cette odieuse calomnie. Qu'on
ne les confonde pas avec leurs oppresseurs, alors
chargés de leurs armes, certains même couverts de leurs
habits. Combien peuvent venir l'attester qui, alors au
milieu des tourmens d'une affreuse captivité, voyant
chaque jour rejaillir jusque sur eux le sang de leurs
compagnons, s'attendant à chaque instant à partager
leur sort funeste, ont vu sous leurs yeux se dérouler ce
hideux tableau !

Après vingt ans de gloire militaire, épuisée à force de victoires, la France plie enfin sous les coups de l'Europe entière unie contre elle. L'aigle impériale appelle alors à son secours les Gardes Nationales qui s'arment, mais pour la défense du pays. Cette cité que, quelques mois auparant, on pouvait nommer la capitale de l'Europe, et du sein de laquelle chaque roi recevait des lois, Paris voit dans ses murs l'ennemi vainqueur, mais tremblant au milieu d'une garnision de trente à trente-cinq mille hommes, dont la courageuse vigilance sait maintenir dans l'ordre et l'étranger, et cette population immense, augmentée de tous ceux qui sont venus chercher un refuge à l'approche des armées alliées.

Aux jours de tristesse, des jours d'ivresse ont succédé. Le cœur de Charles X n'a pas oublié la réception que lui fit la Garde Nationale, le zèle et l'amour avec lesquels elle fit le service auprès de son auguste personne.

Un an après, le trône est de nouveau ébranlé. Nos princes sont forcés de quitter le royaume. A leur départ, combien de marques d'attachement et de douleur ne fit-elle pas éclater, ses armes ne pouvant les défendre.

Enfin, après les alarmes des cent jours, la conduite de la Garde Nationale parisienne a mérité les félicitations de l'étranger lui-même, et cet ordre du jour, à jamais célèbre, par lequel le Roi de France lui annonce : « Qu'il l'honore et la chérit comme » un corps qui a deux fois sauvé la capitale, et

» deux fois étouffé dans son sein les feux de la
» guerre civile. »

Cependant, les Gardes Nationaux virent avec
peine que l'on paraissait faire peu de cas de leurs
services, ou même se méfier de leur fidélité. Au château
des Tuileries, on distribuait des cartouches à la
garde soldée ; eux seuls n'en recevaient pas. On
visitait même leurs armes pour voir si elles n'étaient
pas chargées. Peu à peu leur zèle s'attiédit, en
voyant le peu de prix qu'on y attachait. Leur
service devint presque nul. Des troubles éclatèrent
dans la ville. Jamais ils ne furent appelés pour rétablir
l'ordre. On avait oublié que deux fois ils avaient
étouffé les feux de la guerre civile, et c'est ici l'occasion
de remarquer que, dans des occasions au moins
aussi difficiles, ils avaient su maintenir la tranquillité
sans ensanglanter nos places publiques. Beaucoup
d'officiers donnèrent leur démission, et peut-être
les choix que l'on fit en les remplaçant ne
furent-ils pas toujours heureux. J'en ai connu qui
étaient bien loin de présenter les garanties nécessaires
pour jouir de l'honneur de commander à
l'élite des citoyens. Presque tous voulurent se faire
exempter ou obtenir un grade qui équivalût à une
exemption ; car, là, comme ailleurs, les sinécures
furent créées en grand nombre et données aux
protégés.

Le 16 avril 1827, jour aniversaire de la rentrée
de Charles X à Paris, la Garde Nationale faisant
le service aux Tuileries, le Roi daigna descendre
dans la cour du château, passer en revue la garde

montante et annoncer qu'il voulait passer en revue toute la Garde Nationale le 28 avril. De service moi-même ce jour-là, je puis répondre de l'enthousiasme qui éclata en recevant cette nouvelle. Mais bientôt le bruit se répandit que le ministère voyait avec peine une circonstance qui prouvait que le Roi conservait pour la Garde Nationale son ancien attachement; que ce ministère, réprouvé par une grande partie de la nation, voulait empêcher cette revue, dans la crainte que l'opinion publique ne profitât de cette occasion pour se faire connaître au Roi et pour les accuser. Les esprits s'aigrirent par la faute des officiers qui, en grand nombre, n'ayant pas assez d'influence sur leurs soldats, ne firent, par leurs maladroites remontrances, qu'amener ce qui n'aurait peut être pas eu lieu. On sut que l'on voulait persuader au Roi qu'un complot avait été formé dans nos rangs, et que la sûreté du prince était menacée. On avait pris des mesures comme si l'on avait cru avoir des conjurés à combattre. De tout tout cela il résulta que le jour de la revue, au moment du passage du Roi, quelques compagnies mêlèrent au cri de *Vive le Roi* celui de *A bas les Ministres*. Il fut très-facile alors de remarquer que les compagnies qui firent entendre ces cris, furent celles dont les chefs n'avaient point de crédit sur leurs soldats.

Quelques hommes, dans leur égarement, ou leur mauvaise foi, ont voulu voir dans la conduite, peut-être inconvenante des Gardes Nationaux, un attentat à la majesté royale, une sédition, une espèce de tentative à main armée pour renverser le ministère. Bien loin de cela, ils n'ont voulu que se défendre en accusant leurs accusateurs. Heureux de se retrouver en face du père de la Patrie, dont on avait cherché à les séparer, pleins de confiance dans sa bonté, ils ont mêlé leurs vœux aux élans de leur joie. Mais, bien certainement, nul d'entre eux n'avait réfléchi à l'indécence que pouvait avoir sa conduite. Le plus grand nombre des Légions ne firent entendre que le cri de *Vive le Roi*, et tous les bataillons, sans exception, firent entendre celui-là avec tant d'enthousiasme, qu'il a dû faire connaître à Charles X, que si des ministres avaient des ennemis dans leurs rangs, le Roi de France n'en avait point, parce qu'il n'en saurait avoir, et qu'il n'avait jamais cessé d'être chéri par tous, le prince, qui tant de fois, couvert de leur uniforme, eut l'occasion de recevoir les vifs hommages de leur amour.

Si j'ai esquissé l'histoire de la Garde Nationale parisienne, c'est parce qu'ici le mérite de l'institution me paraît prouvé par les faits. Et alors pourquoi ne pas demander son rétablissement? Le passé nous prouve, je le crois, que l'ordre public, et que la cause royaliste, inséparables, aujourd'hui plus que jamais, n'ont pas eu de plus fidèles défenseurs. N'est-il pas facile de comprendre qu'il ne pouvait pas, qu'il ne pourrait jamais en être autrement? En effet, cette Garde ne peut être composée que d'hommes que leur intérêt particulier enchaîne dans le devoir. Je dirai d'elle ce que Rousseau disait de la milice de Pologne : « Cette milice coûtera peu de chose à la

» République, sera toujours prête à la servir et la
» servira toujours bien, parce qu'enfin, l'on dé-
» fend toujours mieux son propre bien que celui
» d'autrui.» Toute cette classe que l'ignorance ou la
misère peuvent égarer, tous ceux qui n'ont rien
à craindre dans le malheur public, s'en trouvent
exclus. Il n'y a que ceux qui seraient les premières
victimes dans l'infortune de l'État que la loi auto-
rise à porter les armes pour sa défense.

Mais combien le régime des Gardes Nationales
ne pourrait-il pas être amélioré? D'abord combien
le choix des officiers ne devrait-il pas être fait
avec soin? Qu'il est facile de sentir l'intérêt du Gouvernement à ne choisir que des hommes dont on
connaisse et le dévouement, et en même tems
l'influence sur ceux qu'ils doivent avoir l'honneur
de commander ! Nul ne devrait être appelé à ces
nobles fonctions que le plus digne, et alors le zèle
sera chez tous, parce que tous brigueront la gloire d'y
parvenir. Ne faudrait-il pas, en leur attribuant
une véritable importance, faire cesser le discrédit
dans lequel ces Gardes sont tombées? Bientôt chaque
citoyen comprendrait qu'il est une fraction de la
force publique, comme il est une fraction de la
puissance législative. Jouissant tous également du
bienfait des lois, ils sentiraient qu'ils sont tous également chargés de les défendre. Alors on trouverait
tout à coup dans les Français, chez qui l'ardeur
martiale est innée, un peuple de véritable soldats.
On les verrait remplir avec le même zèle et leurs
devoirs civils et les devoirs militaires auxquels ils

seraient appelés. Alors à nos armées mobiles se trouveraient unies des armées territoriales; alors notre force militaire pourrait facilement prouver à l'Europe que, sous tous les rapports possibles, la France n'a rien perdu de son attitude imposante et de sa noblesse antique.

Peut-être mes réflexions ne paraîtront-elles que des rêveries. Je serais cependant tenté de croire qu'elles ne sont pas entièrement dénuées de fondement, quand je sens, d'après moi-même, qu'il peut y avoir des hommes qui, tout en remplissant les devoirs des diverses carrières de la vie civile, seraient tout prêts à donner leur sang pour le trône et pour le pays. J'aurai au moins trouvé l'occasion de protester contre certaines insultes adressées à la Garde Nationale parisienne, et qui retombaient sur moi comme sur tous ceux qui en faisaient partie, et de les accuser d'imposture ceux-là qui ont osé méconnaître notre dévouement à la personne du Roi. En mon nom, comme en celui de mes compagnons d'armes, je repousse les infâmes allégations de ces hommes qui voudraient trouver des ennemis au Prince; aujourd'hui, comme alors, nous pouvons dire, la main sur le cœur, au petit-fils de Henri IV : « Sire, quoi qu'on ait pu dire, » quoi qu'on ait pu faire, entre Votre Majesté et » ses fidèles sujets, c'est à la vie à la mort ! »